Reinhard Singer
Inhaltskontrolle von Arbeitsverträgen

Schriftenreihe
der
Juristischen Gesellschaft zu Berlin

Heft 183

W
DE
G
RECHT

De Gruyter Recht · Berlin

Inhaltskontrolle von Arbeitsverträgen

Von
Reinhard Singer

Vortrag,
gehalten vor der
Juristischen Gesellschaft zu Berlin
am 13. September 2006

W
DE
G
RECHT

De Gruyter Recht · Berlin

Professor Dr. *Reinhard Singer,*
Humboldt-Universität zu Berlin

ⓧ Gedruckt auf säurefreiem Papier,
das die US-ANSI-Norm über Haltbarkeit erfüllt.

ISBN 978-3-89949-405-1

Bibliografische Information der Deutschen Nationalbibliothek

Die Deutsche Nationalbibliothek verzeichnet diese Publikation in der Deutschen
Nationalbibliografie; detaillierte bibliografische Daten sind im Internet über
http://dnb.d-nb.de abrufbar.

Printed in Germany

Satz: DTP Johanna Boy, Brennberg
Druck: Druckerei Gerike GmbH, Berlin
Buchbinderische Verarbeitung: Industriebuchbinderei Fuhrmann GmbH & Co. KG, Berlin

I. Gesetzliche Grundlagen und Anwendungsbereich der Inhaltskontrolle von Arbeitsverträgen

1. § 310 Abs. 4 BGB als gesetzliche Grundlage der Inhaltskontrolle

Vor der Reform des Schuldrechts war das Recht zum Schutze vor unangemessenen Allgemeinen Geschäftsbedingungen auf Arbeitsverträge gem. § 23 Abs. 1 AGBG nicht anwendbar. Die vom Bundesarbeitsgericht trotz der Bereichsausnahme durchgeführte und auf § 242 BGB gestützte Billigkeitskontrolle hatte nicht die gleiche Intensität wie die im allgemeinen Privatrecht durchzuführende Angemessenheitskontrolle nach dem AGBG[1]. Das wollte der Gesetzgeber ändern. Ein erst spät von den Reformern in Angriff genommenes Ziel der Schuldrechtsmodernisierung bestand darin, das Schutzniveau des Arbeitsrechts auf das Niveau des allgemeinem Privatrechts anzuheben[2]. Deshalb unterliegen nun gemäß § 310 Abs. 4 Satz 2 BGB auch Arbeitsverträge einer Inhaltskontrolle nach dem Maßstab des AGB-Rechts. Allerdings sind bei der Anwendung der AGB-Vorschriften auf Arbeitsverträge „die im Arbeitsrecht geltenden Besonderheiten angemessen zu berücksichtigen" (§ 310 Abs. 4 S. 2, 1. Hs. BGB).

Was das bedeutet, war und ist Gegenstand lebhafter Spekulation[3]. Es liegt auf der Hand, dass dieses vage Kriterium den Richtern viel Spielraum eröffnet, je nach Laune eine Inhaltskontrolle vorzunehmen oder – wegen arbeitsrechtlicher Besonderheiten – zu unterlassen. Anders als im Handelsrecht, wo die verbraucherschutzorientierten Maßstäbe der Inhaltskontrolle nicht immer passen, weil es der Unternehmer mit geschäftsgewandten Vertragspartnern zu tun hat[4], besteht im Arbeitsrecht grundsätzlich kein Bedürfnis, das allgemeine Schutzniveau abzusenken. Der Arbeitnehmer ist mindestens so schutzwürdig wie der Verbraucher, der dem AGB-Recht als Leitbild zugrunde liegt. Die Gerichte sollten daher mit der Anerkennung arbeitsrechtlicher Besonderheiten zurückhaltend

---

1 Vgl. die eingehende Untersuchung in der Habilitationsschrift von *Ulrich Preis*, Grundfragen der Vertragsgestaltung im Arbeitsrecht 1993, insbesondere S. 180 ff.

2 Vgl. Bundestags-Drucksache 14/6857, S. 54. – Zur Inhaltskontrolle nach neuem Recht vgl. insbesondere *Coester*, Jura 2005, 251; *Däubler/Dorndorf*, AGB-Kontrolle im Arbeitsrecht, 2004; *Henssler*, RdA 2002, 129; *Hümmerich*, NZA 2003, 753; *Preis*, NZA 2003, Beilage Heft 16, 19; *Preis/Lindemann*, NZA 2006, 632; *Reinecke*, NZA 2005, 953; *Hanau/Hromadka*, NZA 2005, 73; *Schimmelpfennig*, NZA 2005, 603; *Singer*, RdA 2003, 194; *Thüsing*, NZA 2002, 591.

3 Vgl. vor allem *Thüsing*, NZA 2002, 591 ff.; *Singer*, RdA 2003, 194, 198 ff; *Coester*, Jura 2003, 251, 256 f.

4 Vgl. *Lutz*, AGB-Kontrolle im Handelsverkehr 1991, 3 ff.

umgehen, da dieser Begriff aufgrund seiner Unbestimmtheit förmlich dazu einlädt, die Inhaltskontrolle zu unterlaufen. Da die arbeitsrechtlichen Besonderheiten „angemessen" zu berücksichtigen sind, ist jedenfalls eine extensive Interpretation der Sonderklausel ausgeschlossen[5]. Das BAG scheint bisher der Versuchung zu widerstehen, seine frühere Rechtsprechung fortzusetzen[6]. In den wenigen Fällen, in denen bisher arbeitsrechtliche Besonderheiten anerkannt wurden, erscheint es jedenfalls gerechtfertigt, von einer strengen Handhabung des Verbotskatalogs abzusehen. Es handelt sich um die prinzipielle Anerkennung von Vertragsstrafen (trotz § 309 Nr. 6 BGB)[7], das Erfordernis, Ansprüche aus dem Arbeitsverhältnis in Form einer fristgebundenen Klage geltend zu machen (trotz § 309 Nr. 13 BGB)[8] und um die – in der amtlichen Begründung ausdrücklich erwähnte – Berücksichtigung von Besonderheiten des kirchlichen Arbeitsrechts, die es zB erlaubt, den Arbeitsvertragsrichtlinien der Caritas einen ähnlichen Gestaltungsspielraum einzuräumen wie Tarifverträgen (§ 310 Abs. 4 Satz 1 BGB)[9]. Im Übrigen macht das BAG offenbar Ernst mit der Anhebung des Schutzniveaus für Arbeitsverträge.

2. Anwendungsbereich: Formulararbeitsverträge und Verbraucherverträge (§§ 305 Abs. 1; 310 Abs. 3 BGB)

Die Inhaltskontrolle gilt zunächst für Arbeitsverträge, die Allgemeine Geschäftsbedingungen darstellen, also für eine Vielzahl von Verträgen vorformuliert sind. Wenigstens drei Verträge müssen geplant sein[10]. Gemäß § 310 Abs. 3 Nr. 2 BGB genügt es, wenn der vom Arbeitgeber vorgelegte, vorformulierte Vertrag zur einmaligen Verwendung bestimmt ist. Voraussetzung ist nur, dass es sich beim Arbeitsvertrag um einen

---

5 Für eine restriktive Auslegung der Vorbehaltsklausel auch *Coester*, Jura 2005, 251, 256; auch nach *Preis*, NZA 2003, Sonderbeilage zu Heft 16, 19, 26 sind die Besonderheiten „nur" angemessen zu berücksichtigen.

6 *Thüsings* Plädoyer für eine angemessene Berücksichtigung der bisherigen Rechtsprechung (NZA 2002, 591, 593) ist mit der bezweckten Anhebung des Schutzniveaus nur schwer zu vereinbaren.

7 BAG 4.3.2004, BAGE 110, 8 = NZA 2004, 727; ausf. dazu unten im Text unter II 2.

8 BAG 25.5.2005, NJW 2005, 3305 = AP Nr. 1 zu § 310 BGB (Tz. 21); ausf. dazu unten im Text unter II 1.

9 BAG 17.11.2005, NZA 2006, 872, 874 (Tz. 18); zu den Motiven des Gesetzgebers BT-Drs. 14/7052, S. 189.

10 BGH 27.9.2001, NJW 2002, 138, 139.

sog. Verbrauchervertrag handelt. Seit dem Urteil vom 25.5. 2005[11] steht fest, dass Arbeitnehmer nach Ansicht des BAG Verbraucher sind. Ich halte das für richtig, nicht nur, weil der Wortlaut des § 13 BGB insoweit keinen Zweifel lässt, sondern auch, weil der Schutz von Arbeitnehmern grundsätzlich nicht hinter dem von Konsumenten im Waren- und Dienstleistungsverkehr zurückbleiben sollte. Gewiss sind die bestehenden Verbraucherschutzvorschriften nicht auf das Arbeitsverhältnis zugeschnitten; wo aber ein vergleichbares Schutzbedürfnis besteht, sollte man nicht zögern, diese Normen zur Anwendung zu bringen. Bei der Anwendung des § 310 Abs. 3 BGB ist dies auch nach Ansicht des BAG der Fall. Im Ergebnis unterliegt daher jeder vom Arbeitgeber eingeführte, vorformulierte Vertrag der Inhaltskontrolle, auch dann, wenn er nur zur einmaligen Verwendung bestimmt ist. Nur vom Arbeitnehmer vorgeschlagene oder im Einzelnen ausgehandelte Verträge unterliegen nicht der Inhaltskontrolle (§ 310 Abs. 3 Nr. 1 und 2 BGB).

3. Exkurs: Verbraucherschutz für Arbeitnehmer außerhalb des AGB-Rechts – § 312 BGB

Dagegen vermag ich nach wie vor nicht die Ansicht des BAG zu teilen, dass die Vorschrift des § 312 BGB auf den Abschluss von arbeitsrechtlichen Aufhebungsverträgen nicht passe. Es ist zwar richtig, dass die Vorschrift auf Absatzgeschäfte zugeschnitten ist, wie sich insbesondere aufgrund ihrer systematischen Stellung im Abschnitt über „Besondere Vertriebsformen" ergibt. Aber das schließt doch nicht aus, die Norm trotzdem anzuwenden, wenn die ratio legis passt. Prima facie spricht eigentlich alles dafür, dass der am Arbeitsplatz mit einem Aufhebungsangebot konfrontierte und in solchen Fällen typischerweise eingeschüchterte Arbeitnehmer den gleichen Schutz verdient wie ein mit missbräuchlichen Vertriebsformen konfrontierter Verbraucher. Immerhin gehören Vertragsverhandlungen am Arbeitsplatz zu den ausdrücklich in § 312 Abs. 1 BGB genannten Gefährdungslagen. Nach Ansicht des BAG soll jedoch die Vorschrift nicht vor jeder Beeinträchtigung der Entschließungsfreiheit schützen, sondern lediglich einem „situations und vertragstypenbezogenen Schutzbedürfnis" Rechnung tragen[12]. Daran ist richtig, dass es nach dem Gesetz nicht allein

---

11 AP Nr. 1 zu § 310 BGB = NJW 2005, 3305 (Tz. 41 ff.) m. ausf. Nachw. zum kontroversen Schrifttum (Tz. 33).

12 BAG 27.11.2003, BAGE 109, 22, 36 = AP Nr. 1 zu § 312 BGB = NJW 2004, 2401 (Tz. 50) im Anschluss an *Preis*, NZA 2003, Sonderbeilage 16, 19, 30; ebenso LAG Hamm, NZA –RR 2003, 401, 402; *Bauer*, NZA 2002, 169,

auf die Beeinträchtigung der Selbstbestimmungsfreiheit ankommt. Es muss sich um eine durch den Ort des Vertragsschlusses geprägte, typisierbare Gefährdungssituation handeln. Dass der Ort „atypisch" sein muss, wie das BAG annimmt[13], ist dagegen dem Gesetz und der ihm eigenen Teleologie nicht mit der vom BAG behaupteten Deutlichkeit zu entnehmen.

Laut Gesetzesbegründung wurde das Widerrufsrecht u.a. deshalb eingeführt, weil bei einem Ansprechen an der Haustür, auf der Straße oder am Arbeitsplatz die für Ladengeschäfte typische Umkehrmöglichkeit und Überlegungszeit fehlt und es der Verbraucher „häufig nicht fertig bringt", den Vertragsinteressenten „abzuweisen"[14]. Das Szenario ist zwar auf den Warenabsatz zugeschnitten, aber die eine freie Entscheidung beeinträchtigenden Faktoren – fehlende Umkehrmöglichkeit und Überlegungszeit, psychische Hemmung, das Angebot auszuschlagen – sind beim Angebot eines Aufhebungsvertrages am Arbeitsplatz geradezu evident gegeben. Am Ort des Vertragsschlusses, dem ja auch das Büro des Personalchefs gehört, besteht – wie die zahllosen Fälle beweisen, in denen Arbeitnehmer ihren Entschluss später bereut haben – eine besondere Gefährdungslage, die der von Vertreterbesuchen an der Haustür in nichts nachsteht, wenn nicht gar gravierendere Wirkungen auf die psychische Entscheidungsfreiheit zu besorgen sind.

Insofern leuchtet es auch nicht ein, dass der Schutz des § 312 BGB auf bestimmte Vertragstypen beschränkt sein soll. Es mag ja sein, dass das Widerrufsrecht des Verbrauchers auf Vertriebsgeschäfte zugeschnitten ist. Aber an diesem Punkt darf die Rechtsfindung nicht stehen bleiben! Wenn es Verträge gibt, die für den Verbraucher genauso gefährlich, wenn nicht gefährlicher sind als Vertriebsgeschäfte, wenn es Rechtsgeschäfte gibt, bei denen auch wegen des Ortes des Vertragsschlusses ein ebenso großes Gefährdungspotential für die Entschließungsfreiheit besteht wie beim Warenvertrieb an der Haustür, dann drohen unauflösbare Wertungswidersprüche, wenn man den Schutz auf bestimmte situations- und vertragsbezogene Beeinträchtigungen der Entscheidungsfreiheit beschränkt. Nach wie vor strapaziert es das Rechtsempfinden, dass man beim Kauf eines Staubsaugers stärker geschützt werden soll als beim Abschluss eines Aufhebungsvertrages, der nicht selten die berufliche Existenz vernichtet[15].

171; *Brors*, DB 2002, 2046, 2048; *Henssler*, RdA 2002, 129, 135; *Reichold*, ZTR 2002, 202, 204.

13 AaO, BAGE 109, 35 (Tz. 49); vgl. schon *Gotthardt*, Arbeitsrecht nach der Schuldrechtsreform, 2. Aufl. 2003, Rn. 216.

14 BT-Drs. 10/2876, S. 6; vgl. auch *Schleusener*, NZA 2002, 949, 951.

15 Vgl. schon *Singer*, RdA 2003, 194, 196; für ein Widerrufsrecht des Arbeitnehmers auch *Hümmerich/Holthausen*, NZA 2002, 173, 178; *Schleusener*, NZA 2002, 949, 951.

II. Inhaltskontrolle typischer Klauseln

Inzwischen liegen eine Reihe von Urteilen zur Inhaltskontrolle vor. Dabei zeichnet sich ab, dass das BAG die von den Reformern angestrebte Anhebung des Schutzniveaus tatkräftig vorantreibt und auf arbeitsrechtliche Besonderheiten mit angemessener Zurückhaltung Rücksicht nimmt. Die wichtigsten Urteile sind zu Ausschlussfristen, Vertragsstrafen und Widerrufsvorbehalten ergangen.

1. Ausschlussfristen

a) Untergrenze: 3 Monate ab Fälligkeit

Vor der Schuldrechtsreform akzeptierte das BAG die kürzesten Verfallklauseln, vor allem die besonders einschneidenden, zweistufigen Ausschlussfristen. Danach musste der Arbeitnehmer seine Ansprüche oft binnen eines Monats nach ihrer Entstehung schriftlich beim Arbeitgeber geltend machen und binnen einer weiteren Frist von 1 Monat nach Ablehnung oder Untätigkeit beim Arbeitsgericht einklagen[16]. Diese Rechtsprechung, die noch im Urteil vom 13. 12. 2000[17] ausdrücklich mit arbeitsrechtlichen Besonderheiten gerechtfertigt wurde, stand in krassem Gegensatz zu den Standards des allgemeinen Zivilrechts. Die Untergrenze für Ausschlussfristen zB für die Geltendmachung von Provisionsansprüchen von Handelsvertretern oder von Schadensersatzansprüchen im Transportrecht zog der BGH in der Regel bei 6 Monaten[18]. Da der Gesetzgeber gerade das Urteil vom 13.12.2000 als Beleg für die erforderliche Anpassung des Arbeitsrechts an die Standards des allgemeinen Zivilrechts herangezogen hatte, konnte sich das BAG einer Änderung der Rechtsprechung kaum entziehen.

Seit dem Urteil des Fünften Senats des Bundesarbeitsgerichts vom 25. Mai 2005 zu einer zweistufigen Verfallklausel ist nunmehr die Untergrenze für die 2. Stufe, die gerichtliche Geltendmachung der Ansprüche, bei drei Monaten anzusetzen[19]. Der Vertragspartner müsse eine faire Chance haben, seine Ansprüche durchzusetzen, sich ggf. mit ablehnenden

---

16 Vgl. insbesondere BAG 13.12.2000, NZA 2001, 723 m. krit. Anm. *Preis*, RdA 2002, 38.

17 Nachw. Fn. 16.

18 BGHZ 71, 167, 169; BGH, VersR 1980, 40, 41; 1987, 282, 283; 1988, 845, 846; ZIP 1990, 1469, 1471; 1996, 1006, 1009 f.; zum Ganzen eingehend *Preis* (Fn. 1), 481 ff., 493 f.; *Henssler*, RdA 2002, 129, 137 f.

19 BAG 25.5.2005, NJW 2005, 3305, 3307 = NZA 2005, 1111 = AP Nr. 1 zu § 310 BGB.

Gründen des Vertragspartners auseinander zu setzen und Rechtsrat einzu-
holen. Hinsichtlich der konkreten Länge der Frist orientierte sich das
Gericht an § 61b Abs. 1 ArbGG, der für die Klage auf Entschädigung
wegen Benachteiligung nach dem AGG (früher nach § 611 a BGB aF)
eine Frist von drei Monaten vorsieht. Die gleichen Grundsätze hat der
Fünfte Senat des Bundesarbeitsgerichts bei einer einstufigen Verfallklausel
angewendet[20]. Auch hier beträgt nun die Untergrenze drei Monate ab
Fälligkeit. Eine Klausel, die für den Beginn der Ausschlussfrist die Fälligkeit nicht berücksichtigt, sondern allein auf die Beendigung des Arbeitsverhältnisses abstellt, ist ebenfalls nicht wirksam[21].

b) Klageerhebung als Anzeige oder Erklärung gem. § 309 Nr. 13 BGB?

Nicht beanstandet wird vom Bundesarbeitsgericht, dass die Geltendmachung von Ansprüchen von einer Klageerhebung abhängig gemacht
wird. Eine solche Bestimmung verstoße nicht gegen § 309 Nr. 13 BGB.
Nach dieser Vorschrift dürfen zwar Anzeigen oder Erklärungen, die dem
Verwender oder einem Dritten gegenüber abzugeben sind, nicht an eine
strengere Form als die Schriftform oder an besondere Zugangserfordernisse
gebunden werden. Laut BAG ist schon zweifelhaft, ob es sich bei der Klageerhebung um eine solche „Anzeige" oder „Erklärung" handelt. Jedenfalls
gebiete die angemessene Berücksichtigung der im Arbeitsrecht geltenden
Besonderheiten, den Erhalt der Ansprüche von einer gerichtlichen Klage
abhängig zu machen.

Man sieht an diesem Urteil sehr gut, dass die gebotene Rücksichtnahme
auf arbeitsrechtliche Besonderheiten der Rechtssprechung einen fast un-
begrenzt einsetzbaren „Joker" in die Hand gibt. Ich habe lange gezweifelt,
ob man hier wirklich arbeitsrechtliche Besonderheiten anerkennen soll.
Allein die bestehende Tradition solcher zweistufiger Ausschlussfristen sollte
jedenfalls nicht genügen, weil sich sonst das arbeitsrechtliche Schutzniveau
niemals erhöhen würde. Man mag ferner darüber streiten, ob der Wortlaut
des § 309 Nr. 13 BGB wirklich passt. Darauf dürfte es jedenfalls nicht
ankommen, wenn die ratio legis passen würde. Der Zweck der Vorschrift
scheint aber zu passen: Niemand soll Ansprüche oder sonstige Rechte
allein dadurch verlieren, dass zur Ausübung oder Wahrung des Rechts eine
strengere Form als die Schriftform erforderlich ist. Dieser Rechtsgedanke
trifft auch auf eine Klausel zu, die zur Wahrung von Ansprüchen aus dem
Arbeitsverhältnis die Erhebung einer Klage verlangt. Selbst wenn man

---

20 BAG 28.9.2005, NJW 2006, 795.
21 BAG 1.3.2006, NZA 2006, 783.

§ 309 Nr. 13 BGB hier nicht unmittelbar anwenden wollte, bliebe immer noch eine Analogie oder die Anwendung von § 307 Abs. 1 BGB.

Dennoch wird man sich nicht der Wertung verschließen können, dass in Bezug auf die Geltendmachung von Ansprüchen wohl doch arbeitsrechtliche Besonderheiten bestehen. Der Gesetzgeber macht hier klare normative Vorgaben: Die Unwirksamkeit einer Kündigung muss man ebenso im Wege einer innerhalb von drei Wochen zu erhebenden Klage geltend machen wie die Unwirksamkeit einer Befristung des Arbeitsverhältnisses (§§ 4, 7, 13 KSchG; § 17 TzBfG). Entsprechendes galt früher für die Ansprüche wegen geschlechtsspezifischer Benachteiligung gemäß § 611 a BGB aF und gilt nun nach dem Inkrafttreten des AGG allgemein für Entschädigungsansprüche wegen Benachteiligung gem. § 15 AGG (§ 61b ArbGG). Da der Arbeitnehmer auch für die zweite Stufe drei Monate Zeit hat, ist gegen die Angemessenheit des Klageerfordernisses letztlich nichts zu erinnern.

2. Vertragsstrafen in Arbeitsverträgen

Schon vor der Schuldrechtsreform waren Vertragsstrafen in Arbeitsverträgen üblich und wurden vom Bundesarbeitsgericht mit arbeitsrechtlichen Besonderheiten gerechtfertigt[22]. An diesem Grundsatz hält das Bundesarbeitsgericht auch nach der Schuldrechtsmodernisierung fest. § 309 Nr. 6 BGB verbietet zwar eine Bestimmung in AGB, durch die dem Verwender unter anderem für den Fall, dass der andere Vertragsteil sich vom Vertrag löst, Zahlung einer Vertragsstrafe versprochen wird. Aber das BAG verteidigt die Vereinbarung einer Vertragsstrafe mit arbeitsrechtlichen Besonderheiten.

In der Tat besteht ein besonderes Bedürfnis für die Vereinbarung von Vertragsstrafen, wenn der Arbeitnehmer einen Vertragsbruch begeht. Der Arbeitgeber wäre gegen solche Pflichtverletzungen sonst weitgehend machtlos. Wegen § 888 Abs. 3 ZPO kann der Arbeitnehmer nicht zur Erfüllung des Vertrages gezwungen werden. Das Vollstreckungsrecht nimmt darauf Rücksicht, dass es sich bei der Arbeitsleistung um eine höchstpersönliche Verpflichtung handelt. Auch Schadensersatzansprüche sind nur schwer durchzusetzen, denn in der Regel kann der Arbeitgeber nicht beweisen, dass ihm durch das vertragsbrüchige Verhalten des Arbeitnehmers ein Schaden entstanden ist.

---

22 BAG 23.5.1984, BAGE 46, 50, 55 f.

Von einem Teil des Schrifttums wurde dagegen bestritten, dass arbeitsrechtliche Besonderheiten vorliegen[23]. Beweisschwierigkeiten gäbe es auch sonst bei privatrechtlichen Schadensersatzansprüchen, und das Vollstreckungshindernis des § 888 Abs. 3 ZPO gelte nicht nur für Arbeitsverträge, sondern auch für selbständige Dienstverträge und gewisse höchstpersönliche Verpflichtungen unter Ehepartnern. Diese Gegenargumente hat sich das BAG zurecht nicht zu eigen gemacht. § 310 Abs. 4 BGB verlangt nämlich nicht, dass es sich um exklusive Besonderheiten des Arbeitsrechts handeln müsse. Vielmehr genügt, dass im Vergleich zu den allgemeinen Grundsätzen des bürgerlichen Rechts, wonach Leistungstitel grundsätzlich vollstreckbar sind, eine abweichende, besondere Regelung vorliegt[24].

Allerdings hat das BAG die Höhe der Vertragsstrafe beanstandet. Angemessen sei lediglich eine Strafe in Höhe der Bezüge, die der Arbeitgeber für die Dauer der Kündigungsfrist zu zahlen hat. Nur insoweit besteht ein schützenswertes Interesse des Arbeitgebers an der Einhaltung des Vertrages. Bei einer Kündigungsfrist von 14 Tagen kann daher keine Strafe in Höhe von einem Monatsgehalt vereinbart werden.[25] Eine geltungserhaltende Reduktion auf das zulässige Strafmaß ist nicht zulässig, da der Verwender sonst risikolos überzogene Klauseln verwenden könnte. Dass der BGH sich häufig nicht an diese Grundsätze hält und stattdessen eine ergänzende Vertragsauslegung vornimmt (zB bei unwirksamen Tagespreisklauseln[26]), steht auf einem anderen Blatt. Im vorliegenden Fall hat das BAG davon abgesehen, nicht aber in dem nächsten, grundlegenden Fall aus der neueren Rechtsprechung.

3. Widerrufsvorbehalte für übertarifliche Lohnbestandteile

a) Hintergrund:
Schranken einseitiger Vertragsänderung (Kündigung, Direktionsrecht)

Vor der Schuldrechtsreform war es gebräuchlich, dass Arbeitgeber übertarifliche Leistungen und Zulagen mit dem Hinweis verbanden, dass es

---

23 Vgl. *Däubler*, NZA 2001, 1329, 1336; *Thüsing*, NZA 2002, 591, 594; *v. Koppenfels*, NZA 2002, 598, 601; ArbG Bochum, NZA 2002, 978, 980; LAG Hamm, NZA 2003, 499.

24 BAG 4.3.2004, BAGE 110, 8, 20; ebenso ErfK/*Preis*, 5. Aufl. 2005, §§ 305 – 310 BGB Rn. 93; *Henssler*, RdA 2002, 129, 138; *Leder/Morgenroth* NZA 2002, 952, 955.

25 BAG 4.3.2004, BAGE 110, 8, 24 f.; vgl. schon *Preis* (Fn. 1), 480.

26 BGH 1.2.1984, BGHZ 90, 69 ff.

sich um „freiwillige und jederzeit widerrufliche Leistungen" handele, auf die auch bei fortgesetzter Gewährung kein Rechtsanspruch bestehe. Der Arbeitgeber wollte damit erreichen, dass die Arbeitnehmer – in guten Zeiten – am Unternehmenserfolg partizipierten, andererseits wollte er sich nicht auf Ewigkeit binden, um in schlechten Zeiten die Lohnkosten wieder senken zu können. In dem Grundsatzurteil des BAG vom 12. 1. 2005[27] hatte der Arbeitgeber das Geschäftsjahr mit einem Verlust von über 800.000 Euro abgeschlossen. Er widerrief daher die unter Vorbehalt gezahlte übertarifliche Zulage in Höhe von zuletzt 227,72 Euro sowie einen Fahrtkostenersatz in Höhe von 12,99 Euro pro Arbeitstag. Bei einem zugrundegelegten Tariflohn in Höhe von 1751, 69 Euro ging es um eine Kürzung der Bezüge in der Größenordnung von über 27%.

Die Interessenlage ist dadurch geprägt, dass nach dem deutschen Arbeitsrecht eine einseitige Änderung des Arbeitsvertrags praktisch unmöglich ist. Das Direktionsrecht des Arbeitgebers besteht nur im Rahmen des bestehenden Arbeitsvertrages[28], ermöglicht also gerade nicht dessen Änderung. Und eine Änderungskündigung gem. § 2 KSchG ist trotz gewisser Lockerungstendenzen in einigen jüngeren Urteilen nur ein beschränkt taugliches Anpassungsinstrument. Um eine Entgeltkürzung zu rechtfertigen, muss der Arbeitgeber im Regelfall darlegen und anhand eines Sanierungsplanes substantiiert beweisen, dass ohne eine Anpassung der Personalkosten die Belegschaft reduziert oder der Betrieb oder Betriebsteile geschlossen werden müssten[29]. Dieser Nachweis gelingt in der Praxis so gut wie nie.

b) Zweistufige Kontrolle: Schutz eines unantastbaren Kernbereichs und Notwendigkeit eines sachlichen Grundes für die Vertragsanpassung

Umso wichtiger ist die Vorsorge durch eine sachgerechte Vertragsgestaltung. Diesem Zweck dienten die beschriebenen Widerrufsvorbehalte. Diese sind freilich alles andere als unproblematisch, da sie dem Arbeitgeber einseitige Gestaltungsbefugnisse einräumen, die er sonst nicht hätte. Es droht eine Umgehung des Kündigungsschutzes!

Wegen dieser Umgehungsgefahr hat das Bundesarbeitsgericht schon immer Widerrufsvorbehalte einer zweistufigen Kontrolle unterzogen[30].

---

27 NJW 2005, 1820.
28 *Junker*, Grundkurs Arbeitsrecht, 5. Aufl. 2006, Rn. 207.
29 BAG 20.8.1998, 12.11.1998, AP Nr. 50, 51 zu § 2 KSchG; 16.5.2002, NZA 2002, 147, 149.
30 BAG 9.6.1967, AP Nr. 5 zu § 611 BGB Lohnzuschläge; 12.12.1984, BAGE 47, 314, 320 = AP Nr. 6 zu § 2 KSchG 1969; 15.11.1995, NZA 1996, 603,

Zum einen bedurfte die Ausübung des Widerrufsvorbehalts eines sachlichen Grundes, und zum anderen durfte der Widerruf nicht in den Kernbereich des Arbeitsverhältnisses eingreifen. Das war der Fall, wenn das Lohnniveau durch die Vertragsanpassung unter den üblichen Tariflohn sinken würde. Im Übrigen musste der Arbeitnehmer Einbußen in der Größenordnung von bis zu 30 % des Gesamtverdiensts hinnehmen, bei Spitzenverdienern wie Chefärzten waren es bis zu 60 %[31]. Die Tendenz war klar: im übertariflichen Bereich sollte das Arbeitsverhältnis – wie es *Hanau/Hromadka*[32] anschaulich ausgedrückt haben – „atmen" können.

c) Die Lage nach der Schuldrechtsreform

Mit der Schuldrechtsreform ergeben sich zwei fundamentale Änderungen: zum einen verlagert sich die Ausübungskontrolle hin zu einer Inhaltskontrolle, zum anderen bestehen wegen des nun unmittelbar geltenden Transparenzgebotes gem. § 307 Abs. 1 Satz 2 BGB erhöhte Anforderungen an die Klarheit der Regelung. Es geht einfach nicht an, dass die Leistung als jederzeit widerruflich und freiwillig bezeichnet wird, obwohl der Verwender einen sachlichen Grund für den Widerruf braucht. Der Arbeitnehmer darf nicht getäuscht werden!

Als Prüfungsmaßstäbe für die Inhaltskontrolle kommen die §§ 307 Abs. 1, 308 Nr. 4 BGB in Betracht. Das BAG will neben § 308 Nr. 4 „auch die Wertungen des § 307 BGB" berücksichtigen, da § 308 Nr. 4 BGB den § 307 BGB lediglich konkretisiere[33]. Ein sachlicher Unterschied dürfte nicht bestehen, da es nach § 307 Abs. 1 darauf ankommt, ob die Regelung angemessen ist, nach § 308 Nr. 4, ob sie zumutbar ist. Zumutbar sind gewiss angemessene Regelungen, unangemessene sind es sicher nicht. Die entscheidende Frage ist, ob und ggf. wie dieser Maßstab konkretisiert werden kann.

---

606 = AP Nr. 20 zu § 1 TVG Tarifverträge: Lufthansa; std. Rspr. – Großzügiger zuletzt in besonders gelagerten Fällen BAG 23.11.2000, NZA 2001, 492 = AP Nr. 62 zu § 2 KSchG 1969; BAG 27.3.2003, BAGE 105, 371 = AP Nr. 72 zu § 2 KSchG 1969.

31 BAG 28. 5. 1997, NZA 1997, 1160, 1163 f. = AP Nr. 36 zu § 611 BGB Arzt – Krankenhaus – Vertrag.

32 NZA 2005, 73, 74.

33 12.1.2005, NJW 2005, 1820, 1821.

aa) Die Kündigungsschranken der §§ 1, 2 KSchG
als Maßstab angemessener Vertragsgestaltung

Im Schrifttum wird von einer verbreiteten Meinung der Maßstab der §§ 1, 2 KSchG herangezogen, um die Grenzen der Zumutbarkeit zu bestimmen[34]. Das Bundesarbeitsgericht war sich seiner Sache nicht sicher. Einerseits könne der § 2 KSchG durchaus als „Orientierungsrahmen" für die Inhaltskontrolle dienen, andererseits soll es nicht auf eine konkrete Umgehung des Schutzes von Veränderungskündigungen ankommen. Das ist in sich widersprüchlich und unschlüssig. Würde man mit dem Maßstab der §§ 1, 2 KSchG Ernst machen, könnte das Arbeitsverhältnis mit Sicherheit nicht mehr „atmen".

In dogmatischer Hinsicht spricht gegen den Maßstab des Kündigungsrechts, dass sich dieses lediglich mit der einseitigen Änderung von Arbeitsverträgen befasst und gerade nicht mit der Zulässigkeit einer bestimmten Vertragsgestaltung. Dass die Vertragsfreiheit größere Spielräume in Anspruch nehmen kann als die einseitige Vertragsänderung, folgt m.E. schlagend aus den Wertungen des Teilzeit- und Befristungsgesetzes. Aufgrund eines befristeten Arbeitsvertrages kann ein Arbeitsverhältnis auch dann enden, wenn die Voraussetzungen für eine einseitige Beendigung durch Kündigung nicht gegeben sind. Erforderlich ist zwar das Vorliegen eines sachlichen Grundes für die Befristung (§ 14 Abs. 1 TzBfG), aber dabei handelt es sich um ein völlig anderes Kriterium als bei der sozialen Rechtfertigung, die bei einer Kündigung vorliegen muss. Dafür sprechen auch gute Gründe: zum einen ist bei der Vereinbarung einer Befristung – selbst im Formulararbeitsvertrag – ein Minimum an Selbstbestimmung des Arbeitnehmers gewahrt, zum anderen ist er bei einer vertraglichen Regelung zur Beendigung des Arbeitsverhältnisses über die vorgesehene Beendigung informiert und kann sich darauf einstellen. Wenn der Gesetzgeber angesichts dieser Interessenlage das praktische Bedürfnis nach flexibler Gestaltung der Arbeitsverhältnisse bei dessen vereinbarter Beendigung respektiert, dann sollte diese Flexibilität auch und erst recht bei der vereinbarten Anpassung des Vertrages an veränderte Umstände gelten. Die Vertragsänderung ist typischerweise der mildere Eingriff in die Rechtsstellung des Arbeitnehmers, jedenfalls aber kein weitergehender.

---

34 Vgl. ErfK/*Preis* (Fn. 24), §§ 305 – 310 BGB Rn. 54; *Lindemann*, Flexible Gestaltung von Arbeitsbedingungen nach der Schuldrechtsreform 2003, 201.

bb) Die Unterscheidung zwischen synallagmatischen und nicht synallagmatischen Leistungen

Wer Änderungsvorbehalte grundsätzlich an dem kaum zu überwindenden Maßstab der §§ 1, 2 KSchG messen will, muss auf andere Weise dem Bedürfnis nach flexiblen Arbeitsbedingungen Rechnung tragen. Ein vielfach aufgezeigter Ausweg besteht darin, bei Leistungen, die nicht im Synallagma zu der geleisteten Arbeit stehen, weniger strenge Anforderungen an die Anpassungsmöglichkeiten zu stellen und – ohne Rücksicht auf den Umfang der Leistungseinschränkung – bereits sachliche, nachvollziehbare Gründe genügen zu lassen[35]. Dieser erleichterte Anpassungsmodus gilt insbesondere für Jahressonderleistungen, mit denen die Betriebstreue des Arbeitnehmers entlohnt werden soll, ferner für Jubiläumszuwendungen, Beihilfen zur Hochzeit oder Geburt sowie für Essens- und Fahrtkostenzuschüsse. Auch das Urteil vom 12. Januar 2005 knüpft an diese Differenzierung an und billigt dem Vertrauen auf den Fortbestand einer Fahrtkostenerstattung in Höhe von 12,99 € pro Tag nur geringe Bedeutung zu. Es handele sich nicht um eine unmittelbare Gegenleistung für die Arbeit, sondern um den Ersatz von Aufwendungen, die der Arbeitnehmer nach allgemeinen Regeln selbst tragen müsse[36].

Die Differenzierung zwischen synallagmatischen und nicht synallagmatischen Sonderzuwendungen im Arbeitsverhältnis geht zurück auf die Rechtsprechung des BAG zur Kürzung von Jahressonderleistungen bei Fehlzeiten des Arbeitnehmers. Während bei arbeitsleistungsbezogenen Zuwendungen der Anspruch des Arbeitnehmers automatisch gekürzt wird, wenn dieser nicht während des gesamten Bezugszeitraums gearbeitet hat[37], versagt die Rechtsprechung diese aus dem Synallagma und seiner Ausprägung in § 326 Abs. 1 (§ 323 Abs. 1 a.F.) BGB abgeleitete Rechtsfolge, wenn es sich um Gratifikationen mit Mischcharakter handelt. Bei dieser Art von Zuwendungen wolle der Arbeitgeber nicht nur geleistete Arbeit entlohnen, sondern auch einen Anreiz für künftige Betriebstreue schaffen. Man erkennt diese Mischformen daran, dass sie mit einer Stichtags- oder Rückzahlungsregelung verbunden sind oder als Weihnachtsgratifikation bezeichnet werden[38]. Da diese Zuwendungen angeblich nicht im Synallagma stünden, bedürfe es einer ausdrücklichen Kürzungsabrede[39].

---

35 ErfK/ *Preis* (Fn. 24), §§ 305 – 310 BGB, Rn. 60; *Lindemann* (Fn. 34), 206 f.; *Preis/Lindemann*, NZA 2006, 632, 635.

36 BAG 12.1.2005, NJW 2005, 1820, 1821.

37 BAG 19.04. 1995, AP Nr. 173 zu § 611 BGB Gratifikation (unter II 3).

38 BAG 25.04.1991, AP Nr. 137 zu § 611 BGB Gratifikation (unter II 2 c aa); eingehend dazu *Preis*, Der Arbeitsvertrag, 2. Aufl. 2005, II S 40 Rn. 9, 20.

39 BAG 25.04.1991, AP Nr. 137 zu § 611 BGB Gratifikation (unter II 2 b und c cc); *Preis* (Fn. 38), Rn. 41.

Indessen leuchtet nicht ein, dass die Belohnung künftiger Betriebstreue aus dem Synallagma heraus fallen soll. Der Arbeitgeber erbringt solche Sonderzahlungen in den seltensten Fällen aus purem Altruismus, sondern verfolgt in der Regel auch mit „sozialen" Zusatzleistungen das Ziel, qualifizierte Arbeitnehmer zu gewinnen oder zu halten. Das Interesse des Arbeitgebers ist mit Händen zu greifen: Wer über einen längeren Zeitraum Leistungen erbringt, trägt in der Regel stärker zum Unternehmenserfolg bei als nur der kurzfristig beschäftigte Arbeitnehmer. Dies wird vom Arbeitgeber zu Recht vergütet. Folgerichtig gelten auch diese Sonderzuwendungen als „Arbeitsverdienst" im Sinne des Steuerrechts und als „Entgelt" im Sinne des Sozialversicherungsrechts[40].

Das vom BAG angestrebte Ziel, den Arbeitnehmer vor der automatischen Kürzung der Sonderzuwendung zu bewahren, lässt sich auf andere Weise erreichen. Wer die Vergütung als Jahressonderzahlung verspricht, bringt damit bei interessengerechter Auslegung gem. §§ 133, 157 BGB zugleich stillschweigend zum Ausdruck, dass diese Form der Vergütung nicht von der gleichmäßigen, laufenden Erfüllung der arbeitsvertraglichen Verpflichtungen abhängen soll. Die Bestimmung des § 326 Abs. 1 Satz 1 BGB ist dann stillschweigend abbedungen und kommt daher nur zur Anwendung, wenn dies ausdrücklich vereinbart wurde. Mit dieser vertragsrechtlichen Konstruktion könnte man auf der einen Seite den beiderseitigen Interessen Rechnung tragen, andererseits die ebenso komplizierte wie inkonsistente Differenzierung bei der Behandlung von Sonderzuwendungen vermeiden. Bezogen auf die Widerrufsvorbehalte folgt daraus ebenfalls, dass die nicht überzeugende Differenzierung zwischen synallagmatischen und angeblich nicht synallagmatischen Leistungen des Arbeitgebers aufgegeben werden sollte.

cc) Die Kernbereichslehre als richterrechtliches Präjudiz

Was aber ist eine angemessene Vertragsgestaltung? Eine umfassende Verlagerung des Wirtschaftsrisikos auf den Arbeitnehmer wird nach ganz überwiegender Ansicht zu Recht nicht für zulässig gehalten[41]. Dies folgt bereits aus der Wertung des § 615 S. 1 BGB, dessen Leitbild bei der Angemessenheitskontrolle gem. § 307 Abs. 1 BGB zu berücksichtigen ist. Insofern ist es unerlässlich, dass die mit der Flexibilisierung zwangsläufig verbundene Verlagerung des Wirtschaftsrisikos auf die Arbeitnehmer in ihrem Umfang begrenzt wird. Diesem Zweck dient die von der Recht-

---

40 BAG 16.3.1994, AP Nr. 162 zu § 611 BGB Gratifikation.
41 BAG 12.1.2005, NJW 2005, 1820, 1821; 7.12.2005, NZA 2006, 423, 427; ebenso *Lindemann* (Fn. 34), 192 ff.; ErfK/*Preis* (Fn. 24), § 615 BGB Rn. 8; *Staudinger/Richardi*, BGB, 13. Aufl. 2002, § 615 Rn. 10.

sprechung seit je her praktizierte Begrenzung der Flexibilisierungsklauseln auf Leistungen außerhalb des vertraglichen Kernbereichs.

Die bei der Festlegung einer bestimmten Größenordnung unvermeidliche Willkür[42] ist aus Gründen der Rechtssicherheit hinzunehmen[43]. Präjudizien der höchsten Gerichte erlangen zwar nicht den Status einer Rechtsquelle, wohl aber den einer Rechtserkenntnisquelle. Die vom BAG für möglich gehaltenen Einkommensreduzierungen von 25 – 30 % sind zudem nicht völlig frei gegriffene Größen, sondern liegen in einem Bereich, der in der Sozialgesetzgebung als zumutbar angesehen wird. Die in § 129 SGB III festgelegte Quote des Arbeitslosengeldes liegt allgemein bei 60 %, bei Arbeitslosen mit Kindern bei 67 %. Der Grenzwert, bis zu dem Arbeitslosen die Aufnahme einer geringer entlohnten Beschäftigung zuzumuten ist, beträgt zunächst zwischen 20 und 30 % des bisherigen Arbeitsentgelts, ab dem 7. Monat darf der Lohn nur das Arbeitslosengeld nicht unterschreiten (§ 121 Abs. 3 SGB III)[44]. Was der Sozialstaat dem Arbeitslosen zumutet, kann cum grano salis auch der Arbeitgeber einfordern, wenn es dafür sachliche Gründe gibt. Es besteht freilich kein Zweifel, dass das Ausmaß der zugemuteten Einsparungen im Haushalt des Arbeitnehmers beträchtlich ist. Erfahrungsgemäß ist im Haushalt von Arbeitnehmern jeder Euro verplant. Insofern ist es zu begrüßen, dass das Urteil des 5. Senats zur flexiblen Gestaltung der Arbeitszeit vom 7.12.2005 den Umfang der variablen Lohnbestandteile inzwischen auf 25 % gesenkt hat.[45] Über weitere Senkungen wird zu diskutieren sein. Auch bei Spitzenverdienern sollte erwogen werden, ob die für zumutbar gehalten Einschnitte von 60 % noch vertretbar sind.

dd) Verhältnismäßigkeit von Mittel und Zweck der Änderung

Angemessen ist eine Vertragsgestaltung gem. § 307 Abs. 2 BGB nur dann, wenn sie das rechte Maß findet, also dem Prinzip der Verhältnismäßigkeit gerecht wird. Das bedeutet, dass das vom Arbeitgeber eingesetzte Mittel – die Kürzung des Entgelts – durch den Zweck, die Arbeitsbedingungen flexibel zu gestalten, gerechtfertigt sein muss. Da das Interesse an einer flexiblen Gestaltung seine Berechtigung darin findet, die Arbeitsbedingungen an eine veränderte Sach- und Rechtslage anpassen zu können,

---

42 Kritisch daher *Picker*, JZ 1988, 62, 72; *Larenz/Canaris*, Methodenlehre der Rechtswissenschaft, 3. Aufl. 1995 (Studienausgabe), 261.

43 *Krebs*, AcP 195 (1995) 171, 183 unter Hinweis auf die Rechtsprechung zur absoluten Fahruntüchtigkeit gem. § 315e Abs. 1 Nr. a StGB (grdl. BGHSt 37, 89, 92); vgl. auch *Hilger*, FS Larenz 1973, 109, 121 f.

44 *Lindemann* (Fn. 34), 203.

45 BAG 7.12.2005, NZA 2006, 423.

kommt ein Widerruf nur in Betracht, wenn er dazu dient, einer solchen Veränderung Rechnung zu tragen. Wenn sich also aufgrund veränderter Rahmenbedingungen das wirtschaftliche Ergebnis verschlechtert, bildet dieser Verlust die äußerste Grenze, bis zu der die widerrufliche Zulagen gekürzt werden können.

Das Grundsatzurteil vom 12. 1. 2005 vermeidet leider eine klare Grenzziehung. Zwar wird zu Recht anerkannt, dass „zumindest bei wirtschaftlichen Verlusten"[46] ein Widerrufsrecht eingeräumt werden kann, aber daneben blieb offen, ob sonstige „wirtschaftliche Gründe" für den Widerruf ausreichen würden. Im Schrifttum wird dies durchaus vertreten. Nach Ansicht von *Hanau/Hromadka* darf der Arbeitgeber Zulagen auch dann widerrufen, wenn er damit seine Wettbewerbsfähigkeit verbessern will[47]. Das halte ich nicht für gerechtfertigt. Würde man die angestrebte Verbesserung der Kostenstruktur („Wettbewerbsfähigkeit") als sachlichen Grund anerkennen, würde man die Lohnkürzung mittels einer geschickt verkleideten petitio principii durch sich selbst rechtfertigen. Wer den Abbau wirtschaftlicher Leistungen mit der damit verbundenen Kostenersparnis begründen will, verfügt nur scheinbar über einen sachlichen Grund. In Wahrheit ist die Begründung tautologisch: man begründet den Erfolg mit seiner Wirkung.

ee) Das Transparenzgebot gem. § 307 Abs. 1 Satz 2 BGB

Die in der Vergangenheit verbreiteten Klauseln, die übertarifliche Verdienstbestandteile als „freiwillige, jederzeit nach freiem Ermessen widerrufliche Leistungen" bezeichnen, erwecken den unzutreffenden Eindruck, als dürfe der Arbeitgeber den Widerruf auch ohne Vorliegen eines sachlichen Grundes aussprechen. Das ist mit dem Transparenzgebot des § 307 Abs. 1 Satz 2 BGB nicht vereinbar, da dieses eine Täuschung des Vertragspartners verbietet. Das BAG verlangt deshalb mit Recht, dass bereits die Klausel selbst Art und Höhe der widerruflichen Leistung bezeichnen und bei den Widerrufsgründen wenigstens „die Richtung angeben müsse, aus der der Widerruf möglich sein soll (wirtschaftliche Gründe, Leistung oder Verhalten des Arbeitnehmers)"[48].

Diese „Legitimation durch Verfahren"[49] verdient Zustimmung, da die Rechtfertigung der Vertragsanpassung durch „sachliche Gründe"

---

46 BAG 12.1.2005, NJW 2005, 1820, 1822.

47 Dafür *Hanau/Hromadka*, NZA 2005, 73, 78.

48 BAG 12.1.2005, NJW 2005, 1820, 1822.

49 Nach *Luhmann* ermöglicht Verfahren eine sinnvolle Orientierung des Handelns, indem es die Komplexität möglicher Handlungen reduziert; dass dem Verfahren nicht aufgrund normativer Sinnbeziehung, sondern aufgrund des real

tatbestandlich sehr offen ist und externe Maßstäbe für eine schärfere Abgrenzung fehlen. Eine transparente Vertragsgestaltung verhindert nicht nur eine Täuschung des Vertragspartners über seine Rechtsstellung, sondern liefert auf der anderen Seite zugleich einen handfesten Maßstab, an dem die Berechtigung des Widerrufs gemessen werden kann.

Das entscheidende Problem ist natürlich, wie weit die Gründe konkretisiert werden müssen, um dem Transparenzgebot zu entsprechen[50]. Da nicht jeder wirtschaftliche Grund oder jedes beliebige Verhalten des Arbeitnehmers einen Widerruf von Zuwendungen rechtfertigt, muss der Arbeitgeber m. E. auch den „Grad der Störung" angeben, der den Widerruf auslösen soll. Nur dann vermag der Vertragspartner zu beurteilen, ob der Widerruf gerechtfertigt ist. Nur dann wird dem Transparenzgebot entsprochen! Hinzu kommt ein Zweites: wie jede andere Regelung auch unterliegt ein vertraglich begründetes Schuldverhältnis dem Bestimmtheitsgebot[51]. Zwar kann die Leistungsbestimmung auch einem Dritten überlassen werden (§ 315 BGB), aber dies kann jedenfalls dann nicht gelten, wenn dieser Partei aus Gründen des Bestandsschutzes gerade nicht das Recht zustehen soll, über die Voraussetzungen des Widerrufs einseitig zu bestimmen. Um die Inhaltskontrolle durchführen zu können, müssen folglich die Voraussetzungen bestimmt werden, unter denen der Arbeitgeber von seinem Widerrufsrecht Gebrauch machen darf. Das erfordert eine präzise Beschreibung der Widerrufsvoraussetzungen.

4. Andere Flexibilisierungsklauseln

Die vom Fünften Senat des BAG im Grundsatzurteil vom 12. 1. 2005 aufgestellten und hier weiter konkretisierten Anforderungen an den Widerrufsvorbehalt in Arbeitsverträgen sollten bei anderen Flexibilisierungsklauseln entsprechend gelten[52].

---

stattfindenden Kommunikationsprozesses Legitimation zuerkannt wird, ist der Kern von Luhmanns „Entdeckung", vgl. Legitimation durch Verfahren, 3. Aufl. 1978 (= Suhrkamp, 2. Aufl. 1989), 27 ff, 38 ff.

50 Nach *Hromadka*, NJW 2002, 2523, 2529 soll die Verwendung unbestimmter Rechtsbegriffe wie „sachlicher" oder „wirtschaftlicher Grund" genügen; ebenso *Hanau/Hromadka*, NZA 2005, 73, 77.

51 Vgl. nur *Palandt/Heinrichs*, BGB, 65. Aufl. 2006, § 315 Rn. 1.

52 Ebenso *Preis/Lindemann*, NZA 2006, 632 ff.

a) Flexible Gestaltung der Arbeitszeit

In zwei Folgeentscheidungen, die an das Grundsatzurteil vom 12. 1. 2005 anknüpfen, haben der Fünfte und Siebte Senat des BAG ebenfalls diesen Standpunkt eingenommen und entschieden, die flexible Gestaltung der Arbeitszeit an dem gleichen Maßstab zu messen wie den Widerrufsvorbehalt bezüglich des Arbeitsentgelts. Das ist in der Tat folgerichtig, da sich die Reduzierung der Arbeitszeit unmittelbar auf die Höhe des Entgelts auswirkt und kaum begründet werden könnte, weshalb hier unterschiedliche Maßstäbe gelten sollten.

Im Detail bereitete die Anpassung zwar Schwierigkeiten, aber diese lagen an dem im Vergleich zu § 307 Abs. 1 BGB unflexibleren Teilzeit- und Befristungsgesetz. Im Urteil vom 27.7. 2005 hat der Siebte Senat Arbeitsverträge für wirksam erklärt, die auf der Grundlage des Brandenburgischen Lehrerkonzepts abgeschlossen und – im Gegensatz zu einem früheren Fall[53] – nach neuem Schuldrecht zu beurteilen waren[54]. Das Brandenburger Modell sieht vor, das Überangebot an Pädagogen bei bestimmten Fächerkombinationen ohne betriebsbedingte Kündigungen abzubauen, indem den betroffenen Lehrern eine unbefristete Teilzeitbeschäftigung im Umfang von 60 % einer vollen Beschäftigung angeboten und diese Grundarbeitszeit entsprechend dem Bedarf befristet für das jeweilige Schuljahr aufgestockt wird. Würde das TzBfG hier zur Anwendung kommen, wäre die Befristung unwirksam, da es an einem Sachgrund fehlt. Der Sachgrund des vorübergehenden Mehrbedarfs setzt die hinreichend sichere Prognose voraus, dass über das vereinbarte Vertragsende hinaus kein Bedarf besteht. Die Ungewissheit über den künftigen Beschäftigungsbedarf gehört demgegenüber zum unternehmerischen Risiko[55]. Das BAG überwindet im Urteil vom 27.7. 2005 diese Hürde, da es einerseits das TzBfG bei Teilbefristungen nicht für anwendbar hält, andererseits aber die Teilbefristung am Maßstab der §§ 305 ff BGB einer Angemessenheitskontrolle unterzieht, die sich nicht in der Prüfung anerkannter Sachgründe für die Befristung von Arbeitsbedingungen erschöpft. Weil mit § 307 Abs. 1 BGB ein flexiblerer Kontrollmaßstab zur Verfügung steht, konnte dem Interesse des Arbeitgebers an einer flexiblen Gestaltung der Arbeitszeit Rechnung getragen werden. Für die Angemessenheit der Teilbefristung spricht das Interesse des Landes, einerseits dem verminderten Beschäftigungsbedarf als Folge gesunkener Schülerzahlen Rechnung zu tragen, andererseits betriebsbedingte Kündigungen zu vermeiden. Außerdem wurde in den betreffenden

---

53 Vgl. BAG 14.1.2004, NZA 2004, 719, 722 = AP Nr. 10 zu § 14 TzBfG, das die Befristung mangels Sachgrundes noch für unwirksam erklärt hat.

54 BAG 27.7.2005, NZA 2006, 40, 46 f.

55 BAG (Fn. 53), NZA 2004, 722 m.w.N.

Arbeitsverträgen ein zwischen Gewerkschaft und Arbeitgeber ausgehandelter Kompromiss umgesetzt, der nach der Wertung des § 310 Abs. 4 S. 1 und 3 BGB nicht durch eine Inhaltskontrolle konterkariert werden darf.

In dem anderen Fall[56] ging es um die variable Gestaltung der Arbeitszeit in einer Bandbreite zwischen 30 – 40 Stunden pro Woche. Umfang und Lage der Arbeitszeit wurden dem Arbeitnehmer je nach Arbeitsanfall jeweils eine Woche vorher mitgeteilt. Um solche variablen Gestaltungsformen der Arbeitszeit vor dem „Aus"[57] zu bewahren, hat der Fünfte Senat des BAG das in § 12 Abs. 1 Satz 2 TzBfG enthaltene Gebot, die Dauer der wöchentlichen und täglichen Arbeitszeit im Arbeitsvertrag festzulegen, einschränkend interpretiert und es genügen lassen, wenn für die Arbeit auf Abruf eine „Mindestdauer" bestimmt ist. Diese restriktive Auslegung stellt sich zwar gegen eine verbreitete Meinung im Schrifttum[58], die eine Festlegung der Mindestdauer gerade nicht genügen lässt, verdient aber wie das Urteil des Siebten Senats zum Brandenburgischen Lehrerkonzept im Interesse der Flexibilität und Systemgerechtigkeit Zustimmung[59]. Im Übrigen besteht die Bedeutung des Urteils darin, dass es die Grenze der variablen Arbeitszeit bei 25 % zieht und deutlich macht, dass dies auch in Zukunft die äußerste Grenze für den Widerruf synallagmatischer Entgeltbestandteile bilden soll.

b) Freiwilligkeitsvorbehalte

Umstritten ist, ob sich die Harmonisierung der Maßstäbe für Flexibilisierungsklauseln auch auf die sog. Freiwilligkeitsvorbehalte bei einmaligen Sonderzuwendungen erstrecken soll. Nach der bisherigen, ständigen Rechtsprechung des BAG gelten die Grundsätze zur Inhaltskontrolle von Widerrufsvorbehalten nur bei solchen Leistungen, die als Bestandteile des laufenden Verdiensts anzusehen sind, nicht bei einmaligen Sonderzahlungen wie z.B. Weihnachtsgratifikationen, Urlaubsgeld oder Jubiläumszuwendungen, die unter dem Vorbehalt der Freiwilligkeit erbracht werden[60].

---

56 BAG 7.12.2005, NZA 2006, 423.

57 So die Befürchtung von *Busch*, NZA 2001, 593.

58 Vgl. nur Meinel/*Heyn*/*Herms*, TzBfG, 2002, § 12 Rn. 29; ErfK/*Preis* (Fn. 24), § 12 TzBfG Rn. 23; *Kittner*/*Däubler*/Zwanziger, KSchR, 6. Aufl., § 12 TzBfG, Rn. 14.

59 Vgl. auch *Preis*/*Lindemann*, NZA 2006, 632, 633 („genialer juristischer Coup").

60 BAG 26.6.1975, 6.12.1995, 5.6.1996, AP Nr. 86, 187, 193 zu § 611 BGB Gratifikation; LAG Baden-Württemberg 6.12.1999, LAGE Nr. 60 zu § 611 BGB Gratifikation; zustimmend *Hanau*/*Hromadka*, NZA 2005, 73, 74; krit. *Däubler*/*Dorndorf* (Fn. 2), § 307 BGB Rn. 198, 200; *Preis*, Arbeitsvertrag (Fn. 38), II V 70 Rn. 101 ff.

Bei diesen Sonderzuwendungen sei der Arbeitgeber frei, im betreffenden Bezugszeitraum die bisherige Praxis einzustellen. Er müsse nur deutlich machen, dass es sich um freiwillige Leistungen handele, auf die auch bei wiederholter Leistungserbringung kein Rechtsanspruch für die Zukunft bestehe. Durch einen solchen Vorbehalt verhindere der Arbeitgeber, dass beim Arbeitnehmer ein Vertrauen darauf entsteht, die wiederholt gewährte Leistung werde auch in Zukunft gezahlt. Er verhindere also das Entstehen einer betrieblichen Übung[61].

Bisher hat das BAG zu diesem Problem nach der Schuldrechtsreform noch nicht Stellung beziehen können. Auf den ersten Blick liegt es nahe, auch Freiwilligkeitsvorbehalte an den neuen Maßstäben zu messen und insbesondere den Umfang der variablen Vergütungsbestandteile zu begrenzen. Für eine „Harmonisierung der Kontrollmaßstäbe" kämpft seit langem *Ulrich Preis*[62], allerdings nur, wenn es sich um synallagmatische Leistungen handelt. Diese Differenzierung leuchtet – wie dargelegt – nicht ein. Worin unterscheiden sich aber Widerrufsvorbehalt und Freiwilligkeitsklausel? Beide Klauseln stimmen darin überein, dass der Arbeitgeber einerseits eine Leistung erbringen möchte, sich aber andererseits nicht auf Dauer binden will. Nach der Rechtsprechung werden allerdings Freiwilligkeitsvorbehalte nur bei einmaligen Zuwendungen beachtet, während die bei Zulagen zum laufenden Verdienst im Arbeitsvertrag verwendete Formulierung, es handele sich um eine „freiwillige und jederzeit widerrufliche Leistung", als Widerrufsvorbehalt ausgelegt wird[63]. Der Sache nach wird also nur bei einmaligen Leistungen der Freiwilligkeitsvorbehalt voll umfänglich respektiert.

Das kann man nicht – wie zum Teil vertreten wird – mit dem Prinzip der Vertragsfreiheit[64] rechtfertigen, da sich der Arbeitgeber bei Widerrufsvorbehalten genauso wenig binden will wie bei Freiwilligkeitsvorbehalten. Auch unter dem Gesichtspunkt des Vertrauensschutzes gibt es auf den ersten Blick keinen greifbaren Unterschied. Wer unter Widerrufsvorbehalt eine Zahlung erhält, darf eigentlich genauso wenig darauf vertrauen, dass er auch in Zukunft die Leistung erhalten wird wie derjenige, dem etwas unter dem Vorbehalt der Freiwilligkeit zugewendet wurde. Offenbar hält das BAG den Empfänger von laufenden Leistungen für schutzwürdiger als den Empfänger von einmaligen Leistungen. Dem ist nun in der Tat

---

61 BAG 26.6.1975, 6.12.1995, AP Nr. 86, 187 zu § 611 BGB Gratifikation.

62 Vertragsgestaltung (Fn. 1), 416.

63 BAG 13.5.1987, E 55, 255, 280; 22.8.1979, AP Nr. 11 zu § 4 TVG Übertariflicher Lohn und Tariflohnerhöhung; *Preis*, Vertragsgestaltung (Fn. 1), 415 f.; *ders.*, Arbeitsvertrag (Fn. 38), II V 70 Rn. 91.

64 Darauf verweisen *Hanau/Hromadka*, NZA 2005, 73, 74; *Herresthal*, Anm. EzA § 308 Nr. 1 unter II. 1.

zuzustimmen, freilich nicht, weil es sich nicht um synallagmatische Leistungen handelt, sondern weil das Vertrauen des Leistungsempfängers unter dem Gesichtspunkt des „Sich Einrichtens" unterschiedlich starken Schutz verdient[65].

Anknüpfungspunkt für diese Differenzierung bietet der in den Bestimmungen des AGB-Rechts (§ 308 Nr. 4 BGB), aber auch in den arbeitsrechtlichen Sondernormen des Kündigungsschutzrechts und des Teilzeit- und Befristungsrechts zum Ausdruck kommende besondere Rang des arbeitsrechtlichen Bestandsschutzes. Wer laufende Leistungen erhält, richtet sich in seiner Lebensführung auf diese Zuwendungen ein, auch wenn sich im Vertrag ein Vorbehalt findet. Es ist die „normative Kraft des Faktischen"[66], die es rechtfertigt, dem tatsächlichen Bezug von Leistungen größeres Gewicht beizumessen als dem bloß verbalen Vorbehalt, dass sich der Arbeitnehmer auf einen unveränderten Fortbestand nicht verlassen dürfe. Aus diesem Grunde bringt § 308 Nr. 4 BGB zum Ausdruck, dass es trotz eines Änderungsvorbehaltes unzumutbar sein kann, eine einmal erworbene Position wieder aufgeben zu müssen. § 308 Nr. 4 BGB verhindert ein unzumutbares widersprüchliches Verhalten des Verwenders und steht damit auf einer Stufe mit Vorschriften wie § 305b BGB, der Individualabreden größeres Gewicht beimisst als dem Kleingedruckten. Das Vertrauen des Arbeitnehmers auf den unveränderten Bestand des Arbeitsverhältnisses verdient gemäß § 308 Nr. 4 BGB zwar keinen absoluten, aber doch wenigstens einen abgeschwächten Schutz.

Legt man diese Wertung zugrunde, dann leuchtet die von der Rechtsprechung praktizierte Differenzierung zwischen einmaligen Leistungen und solchen, die laufend gewährt werden, ein[67]. Wenn die unter Freiwilligkeitsvorbehalt gestellte Zahlung von Jubiläumsgeldern, Geburts- und Hochzeitsbeihilfen und dgl. für die Zukunft eingestellt wird, ist dagegen nichts zu erinnern, weil sich der Arbeitnehmer auf den Bezug solcher künftiger Leistungen nicht einzurichten pflegt. Ebenso ist aber auch zu entscheiden, wenn in der Vergangenheit im Jahresrhythmus Sonderzuwendungen wie Weihnachts- und Urlaubsgeld unter dem Vorbehalt der Freiwilligkeit geleistet wurden[68]. Jahressonderzahlungen werden üblicherweise nicht zur Deckung des laufenden Lebensbedarfs verwendet,

---

65 Vgl. zu diesem Kriterium bei der Schutzwürdigkeit des Vertrauens näher *Canaris*, Die Vertrauenshaftung im deutschen Privatrecht 1971, 291 ff., 305 ff.; *Singer*, Das Verbot widersprüchlichen Verhaltens 1993, 112 f und 197 f.

66 Vgl. dazu – kritisch – *Radbruch*, Rechtsphilosophie 1932, zit. nach der von *Dreier* edierten Studienausgabe, 2. Aufl. 2003, 78.

67 A.A. *Hanau/Hromadka*, NZA 2005, 73, 77.

68 Anders noch *Singer*, RdA 2003, 194, 203.

sondern – entsprechend ihrer Zweckbestimmung – zum Bestreiten von Sonderaufwendungen für Urlaubsreisen und Weihnachtsgeschenke. Auf solche Ausgaben kann man typischerweise leichter verzichten als auf Mittel zur Deckung des laufenden Lebensbedarfs. Der Arbeitnehmer hat daher beim Bezug von Jahressonderzahlungen wie Weihnachts- und Urlaubsgeld keinen so schutzwürdigen Besitzstand erlangt wie beim Bezug von laufenden Leistungen. Sein Vertrauen auf den Fortbestand der Sonderzahlungen ist daher auch nicht so schutzwürdig.

Hinter der mysteriösen Sonderbehandlung von angeblich nicht synallagmatischen Leistungen verbirgt sich nach alledem eine nachvollziehbare Wertung. Diese hat nichts mit dem Synallagma von Leistung und Gegenleistung zu tun, sondern beruht auf der geringeren Schutzwürdigkeit des Vertrauens, das Arbeitnehmer bei angekündigten, aber unter den Vorbehalt der Freiwilligkeit gestellten Jahressonderzahlungen und anderen einmaligen Leistungen, die nicht zum laufenden Verdienst zu rechnen sind, dem Arbeitgeber entgegenbringen. Entgegen der Auffassung des BAG fallen darunter nicht die regelmäßig – etwa im Monatsrhythmus – ausbezahlten Essens- und Fahrtkostenzuschüsse. Diese werden wie das reguläre Gehalt beim laufenden Lebensunterhalt verplant und verbraucht.

III. Zusammenfassung

1. Die am 1.1.2002 in Kraft getretene Reform des deutschen Schuldrechts hat zu einer Anhebung des Schutzniveaus im deutschen Arbeitsrecht beigetragen, vor allem im Recht der Arbeitsverträge. Da das Bundesarbeitsgericht Arbeitnehmer als Verbraucher ansieht, unterliegen praktisch alle Arbeitsverträge dem strengen Maßstab der AGB-Inhaltskontrolle (§§ 310 Abs. 3, 4 Satz 2 BGB).

2. Für die vorgeschriebene Berücksichtigung *arbeitsrechtlicher Besonderheiten* besteht nur in seltenen Fällen ein sachlicher Grund. Da diese relativ unbestimmte Schranke der Inhaltskontrolle förmlich dazu einlädt, die beabsichtigte Anhebung des Schutzniveaus zu unterlaufen, sollte von ihr restriktiver Gebrauch gemacht werden. Vertragsstrafen sind durch arbeitsrechtliche Besonderheiten gerechtfertigt, ebenso das Erfordernis, Ansprüche aus dem Arbeitsverhältnis binnen einer angemessenen Ausschlussfrist – die nicht unter drei Monaten liegen darf – im Wege der Klage gerichtlich geltend zu machen.

3. Der Widerruf von Arbeitsbedingungen, die Bestandteile des vertraglichen Äquivalenzverhältnisses sind, ist am Maßstab der §§ 307 Abs. 1,

308 Nr. 4 BGB zu messen. Um eine vollständige Abwälzung des Wirtschaftsrisikos auf den Arbeitnehmer zu verhindern, muss der Umfang der Änderungsbefugnis beschränkt werden. Nach dem Urteil des Fünften Senats vom 7.12.2005 zur variablen Gestaltung der *Arbeitszeit* zeichnet sich ab, dass in Zukunft 25 % des *Arbeitsentgelts* flexibel gestaltet werden können, wenn der Tariflohn nicht unterschritten wird. Bei – angeblich – nicht synallagmatischen Leistungen ist das BAG zu Unrecht großzügiger.

4. Der Widerruf ist in der Regel nur angemessen, wenn und soweit er dazu dient, einer veränderten Sach- und Rechtslage Rechnung zu tragen. Entgeltkürzungen zur Verbesserung der „Kostenstruktur" des Unternehmens sind daher nicht zulässig.

5. Die Widerrufsgründe müssen dem Transparenzgebot (§ 307 Abs. 1 Satz 2 BGB) sowie dem Bestimmtheitsgebot entsprechen und daher im Arbeitsvertrag so konkret wie möglich bezeichnet werden. Dies erfordert grundsätzlich nähere Angaben zu Art und Umfang der variablen Arbeitsbedingungen sowie zum Grad der Störung, der die Ausübung des Widerrufs rechtfertigen soll.

6. Was für die variable Gestaltung von Entgeltregelungen gilt, sollte für alle Bedingungen des Arbeitsverhältnisses gelten, die im Gegenseitigkeitsverhältnis stehen, insbesondere auch für Regelungen zur Arbeitszeit. Freiwilligkeitsvorbehalte für Jahressonderzahlungen und andere einmalige Leistungen sind dagegen weiterhin geeignet, das Entstehen einer Betriebsübung zu verhindern. Auf solche Leistungen richtet sich der Arbeitnehmer nicht in gleichem Maße ein wie auf den Fortbestand von Leistungen, die zum laufenden Verdienst gewährt werden. Für Zulagen zum laufenden Verdienst gelten daher auch bei einem „Freiwilligkeitsvorbehalt" die Regeln über Widerrufsvorbehalte.